CB081475

O PERFIL MARIANO DA IGREJA E A ATUAÇÃO DA MULHER NA IGREJA

CELIA SOARES DE SOUSA

O PERFIL MARIANO DA IGREJA E A ATUAÇÃO DA MULHER NA IGREJA

COLEÇÃO ESCOLA DE MARIA
9

EDITORA
SANTUÁRIO

DIREÇÃO EDITORIAL:
Pe. Fábio Evaristo R. Silva, C.Ss.R.

CONSELHO EDITORIAL:
Cláudio Anselmo Santos Silva, C.Ss.R.
Edvaldo Manoel Araújo, C.Ss.R.
Ferdinando Mancilio, C.Ss.R.
Gilberto Paiva, C.Ss.R.
Marco Lucas Tomaz, C.Ss.R.
Victor Hugo Lapenta, C.Ss.R.

COORDENAÇÃO EDITORIAL:
Ana Lúcia de Castro Leite

DIAGRAMAÇÃO:
Mauricio Pereira

CAPA:
Núcleo de Criação do Santuário Nacional

FOTO DA CAPA:
Wilma Steagal de Tommaso
da obra de Marko Rupnik

Dados Internacionais de Catalogação na Publicação (CIP) de acordo com ISBD

S725p Sousa, Celia Soares de

O perfil mariano da Igreja e a atuação da mulher na Igreja / Celia Soares de Sousa. - Aparecida, SP : Editora Santuário, 2021.
40 p. ; 14cm x 21cm.

ISBN: 978-65-5527-093-8

1. Religião. 2. Cristianismo. 3. Princípio mariano. 4. Teologia da mulher. I. Título.

2021-830 CDD 240
CDU 24

Elaborado por Odilio Hilario Moreira Junior - CRB-8/9949

Índice para catálogo sistemático:
1. Religião : Cristianismo 240
2. Religião : Cristianismo 24

1ª impressão

Todos os direitos reservados à **EDITORA SANTUÁRIO** — 2021

Rua Pe. Claro Monteiro, 342 – 12570-000 – Aparecida-SP
Tel.: 12 3104-2000 – Televendas: 0800 - 0 16 00 04
www.editorasantuario.com.br
vendas@editorasantuario.com.br

INTRODUÇÃO

O presente livro tem o propósito de ampliar a compreensão do "princípio mariano" da Igreja. Refletir sobre esse fundamento da Igreja é relevante, mas não somente isso, pois é preciso avançar muito mais com o intuito de propiciar a ascensão de uma teologia da mulher, a partir de uma eclesiologia que envolva mais as mulheres nos papéis, nos quais elas deveriam estar. Cabe igualmente apontar quais as principais dificuldades para a indispensável contribuição das mulheres na Igreja, pesquisar a experiência bíblica de mulheres que atuaram ativamente no Projeto de Deus como ecos antecipados e, a exemplo de Maria, analisar a importância de Maria de Nazaré na Igreja nascente como parte do Movimento de Jesus e sua peregrinação com a comunidade, verificar no Magistério da Igreja e na Teologia os fundamentos propostos e buscar compreender aspectos que dificultam ampliar os espaços para uma presença feminina mais incisiva na Igreja.

A Igreja está ordenada à santidade de seus membros e possui em Maria, uma mulher, a primeira santa depois de Jesus, por isso podemos dizer que a dimensão marial da Igreja antecede a sua dimensão petrina. Maria precede a Pedro. Uma mulher e leiga precede a um homem sacerdote, a um Papa. Isso é algo que precisamos levar em consideração com muito carinho. A figura de Maria, discípula por excelência entre discípulos, é fundamental na recuperação da identidade da mulher e de seu valor na Igreja.

Propomos a reflexão a partir de três olhares: primeiro destaque será para Maria, como a mulher leiga, jovem, profeta e amiga de Deus, que viveu sua dimensão comunitária; segundo, refletir como Maria sintetiza a presença feminina na Igreja e no princípio mariano da Igreja, a partir dos documentos do Magistério da Igreja; e, terceiro, perceber a importância da participação da mulher na Igreja fundamentada na eclesiologia do Papa Francisco.

1
MARIA DE NAZARÉ, A PRIMEIRA MISSIONÁRIA DO VERBO

Maria de Nazaré, a Mãe e profeta de Deus, quando compreendida como modelo de seguimento e de disponibilidade a Deus, ela, a mulher pobre, desperta para um novo jeito de se relacionar consigo mesma, com Deus e com toda a criação.

Consideramos que uma das tarefas constantes da Teologia é a de refletir sobre a mulher, jovem e leiga Maria, que viveu seu cotidiano em um contexto cultural predominantemente patriarcal, no qual Deus interviu e subverteu a ordem social, indo até a periferia para anunciar a Boa notícia.

Maria é memória histórica, ela traz presente o povo da Aliança, homens e mulheres que esperavam o Messias; ela participa da História da Salvação e, ao mesmo tempo, colabora com Deus para a encarnação do Verbo. Coyle comenta sobre os desafios para os mariólogos compreenderem a cooperação da mulher Maria "à medida que o desafio do discipulado cristão e as exigências da vida radical do Evangelho variavam pelos séculos, Maria tornava-se modelo para reencarnar o amor e a justiça de Deus através dos tempos. Ela é mulher do misterioso poder, que continua importante através dos tempos, quando as próprias mulheres têm pouco poder"[1]. Maria ao participar da comunidade nascente aparece como a mulher que se alegra por seu Deus, Ele que demonstra o poder de seu braço ao elevar os humildes da terra (cf. Lc 1,46-56), portanto Maria é sujeito ativo e responsável, participa da alegria e do sofrimento com seu povo, o povo de Israel, do qual ela é representante legítima.[2]

O faça em mim é a resposta da mulher que participa da novidade do querer de Deus, em favor da humanidade: a novidade da encarnação do Filho de Deus, Jesus Cristo, Ele que veio fazer morada no mundo como pessoa no ventre de Maria; ali foi o primeiro contato humano com, de e em Maria. Ela colabora com Deus no projeto de Salvação de toda a humanidade, uma tarefa que Maria acolhe com simplicidade, humildade e com todo o seu ser feminino e humano. Nessa resposta de fé estava contida uma cooperação perfeita com a "prévia e concomitante ajuda na graça divina e uma disponibilidade perfeita à ação do Espírito Santo, o qual aperfeiçoa continuamente seus dons"[3]. Maria participa, portanto, da História da Salvação. Para Brown, "Maria está cumprindo a primeira tarefa do discipulado: partilhar o Evangelho com os outros"[4].

Conforme a narrativa bíblica, a presença de Maria na comunidade não é descrita como quem desenvolve um papel de liderança. Em Atos 2, na narrativa de Pentecostes, o nome dela não é mencionado, porém os biblistas concordam que "todos estavam reunidos na casa" faz alusão ao "todos eram unânimes na oração" (At 1,14), nesse sentido é possível afirmar que Maria também estivera presente em Pentecostes. Pikaza comenta sobre a presença significativa de Maria na comunidade nascente:

> O que é que Maria oferece, pois, à Igreja nascente de Jesus no gesto da espera de At 1,14? Ela oferece, antes de mais nada, o sinal do cumprimento da história de Israel. As demais figuras de sua infância e da busca passaram: Isabel, Zacarias, João Batista, Simeão. Somente Maria permanece. Ela é o sinal vivo da continuidade entre Israel e a Igreja: ali onde o AT, aberto à força do Espírito, aprende a seguir Jesus no caminho de sua ascensão dolorosa a Jerusalém (cf. Lc 9,51), o próprio Israel, representado por Maria, converte em princípio da Igreja.[5]

Maria dá testemunho do nascimento de Jesus, dos passos de Jesus na infância e da paixão na cruz. Ela é a fiel seguidora dos ensinamentos do Filho de Deus, ela que se fazia presente nas primeiras comunidades cristãs e sua prática orante contribuiu para a Igreja nascente.[6] Johnson, no entanto, sugere que o texto dos Atos é local de conflito. A questão central é a visibilidade exposta por Lucas, ao grupo de mulheres, ter sido reduzida nos "atos de Pedro e Paulo, sem considerar o ministério das mulheres"[7].

As principais testemunhas da ressurreição de Jesus foram mulheres, quer os homens acreditassem nelas ou não. Cada uma com seus dons, participação e importância na comunidade. Maria vive entre as mulheres, que com a força do Espírito seguiram anunciando o ressuscitado e formando comunidades, assim sendo "a ação do Espírito Santo vincula Maria à Igreja"[8].

A expressão do evangelista Lucas "e muitas outras" mulheres possibilita a firme convicção que as mulheres tinham uma presença importante na comunidade primitiva e nos ministérios. Nesse sentido, Mesters indica que Jesus acolhe a resistência das mulheres contra sua exclusão, Ele acolhe (Lc 7,36-50), cura (Mc

5,25-34) e não condena (Jo 8,3-11). No evangelho de João, a Samaritana é a primeira pessoa a receber o segredo de que Jesus é o Messias (Jo 4,26).[9]

1.1. Com Maria de Nazaré, aprendizes da missão

Maria atrai multidões à comunhão com Jesus e a sua Igreja[10]. Inspira-nos a acolher os ensinamentos do Mestre e guardá-los no coração (cf. Lc 2,19). Na escuta da Palavra, na vida, como verdadeiros missionários animando pessoas e comunidades para fazerem a experiência de comunhão. Ela, que cuidou de Jesus passa agora a cuidar da Igreja. Mulher fiel, ativa e participante da promessa de Deus para o seu povo. Um momento revelador do lugar de Maria na Igreja nascente é Caná, afirma Bucker:

> "Maria aparece como colaboradora nos inícios do ministério messiânico de Jesus: (LG 58; RM 17, 21: DP 300). A intervenção em Caná provoca também a fé de seus discípulos. A fé de Maria está na origem do milagre que Jesus realizou, e prepara os discípulos para a manifestação de sua glória, assume um papel de orientação ao nascimento da comunidade de fé, que começa a se formar ao redor de Jesus. Assim, a vida de Maria está orientada para o serviço do Filho de Deus e de sua missão".[11]

Com as palavras "Mulher eis aí teu Filho" (Jo 19,26), Jesus entrega para Maria a comunidade. Maria como mulher, mãe, profeta e amiga de Deus vive a dimensão do cuidado com a comunidade, com as pessoas concretamente. Ela que "cuida com amor materno dos irmãos de seu Filho que, entre perigos e angústias, caminham ainda na terra, até chegarem à pátria bem-aventurada. Por isso, a Virgem é invocada na Igreja com os títulos de advogada, auxiliadora, socorro, medianeira"[12]. Assim "avançou a Virgem pelo caminho da fé, mantendo fielmente união com seu Filho até a cruz"[13]. Ela acolhe, cuida e não abandona pelo caminho e sem destino. Maria está presente com a comunidade que segue os ensinamentos e o Caminho de seu Filho Jesus, "é verdadeiramente Mãe dos membros (de Cristo) (...), porque cooperou com seu amor para que na Igreja nascessem os fiéis"[14].

Um olhar minucioso para a Galileia na tentativa de perceber a construção de sinagogas, como as que existiam perto de Cafarnaum, no período pré-70 a.C., segundo Johnson, está ausente (até agora), em vista da imagem evangélica de Jesus de Nazaré pregando e curando nas sinagogas da Galileia. Para ela "os estudiosos explicam que, apesar de nossa imaginação evocar um edifício, quando ouvimos a palavra sinagoga, o termo original *synagoguē* significa uma reunião ou congregação de pessoas. É semelhante à palavra igreja, que, embora quase sempre indique um edifício para o culto cristão, originalmente, em grego *ekklésia*, referia-se à assembleia de pessoas consagradas pelo batismo: o povo é Igreja"[15].

A espiritualidade da pequena e serva de Deus, colocando-se no lugar dos pobres, manifesta a toda a Igreja o sentido profético do "resto de Israel". Maria recolhe em sua pregação e em sua existência, o que Deus é para todos, o Deus que Salva.[16]

É nesse contexto que Maria pode ser compreendida como participante e colaboradora de Deus na encarnação de Jesus, sua participação na comunidade e consequentemente ser devotamente tratada pelo Povo de Deus como aquela que, como herdeira da promessa, serviu a Deus com alegria e como Mãe participou ativamente no projeto de Deus. Boff cita o Doutor de Hipona, Santo Agostinho, que chega a dizer: "Maria é mais feliz por ter sido discípula do Senhor do que mãe carnal do Senhor"[17].

A experiência proporcionada pela Teologia pós-Concílio Vaticano II convida toda a Igreja para participar com Maria na e com a comunidade, portanto convida também Maria a descer do pedestal, lugar onde ela mesma nunca esteve, porém ao longo dos séculos ela foi presa em algumas imagens. Coyle comenta que "a teologia precisa libertá-la de algumas imagens nas quais a formaram. As estátuas e os quadros de Maria, em algumas de nossas Igrejas, fazem a ela e a nós um desserviço. Não representam a judia forte de Nazaré, que respondeu ao chamado de Deus"[18]. Afirmam os Santos Padres que Maria não foi por Deus instrumento meramente passivo, mas que cooperou livremente por sua fé e obediência na salvação dos homens. Como diz Santo Irineu, "obedecendo, ela tornou-se causa de salvação, para si e para todo o gênero humano"[19]. O Papa São Paulo VI declarou solenemente, por ocasião do encerramento do Concílio Vaticano, que Maria é Mãe da Igreja, por ser a Mãe de Cristo: "Portanto, para glória da Virgem e para nosso conforto, proclamamos Maria Santíssima 'Mãe da Igreja', isto é, de todo o Povo de Deus, tanto dos fiéis como dos pastores"[20].

Como Mãe da Igreja, mãe dos membros de Cristo, ela coopera com seu amor para que na Igreja nasçam fiéis: gera, educa e coopera com amor de mãe[21], consciente de que o autêntico amor à Igreja deve remeter sempre a Cristo, pois se a Igreja desvia o amor, a fé se torna idolatria[22].

O modelo de Igreja povo de Deus e participação tem como centro forte acento à Palavra de Deus. A Igreja nasce da palavra e vive para a proclamação da Palavra. Conhecer a vida e se espelhar na disponibilidade e fidelidade de Maria é dom de Deus e conduz a Igreja à adesão a Jesus que é "Caminho, verdade e vida" (Jo 14,6). Nesse caminho de Jesus, mulheres e homens são respeitados em sua integridade, são chamados a viverem no respeito e cuidado mútuo, e juntos viverem a exemplo da comunhão trinitária, no derramamento do amor para todos. Aceitar o convite para colaborar nas obras do Reino nos faz marianos, segundo Bucker. Essa decisão remete ao ser e viver como cristãos, não permitindo que a omissão e a passividade, a acomodação e a falta de compromisso se instalem na bela Espiritualidade mariana, que ao contrário, "seguindo o caminho de Maria, faz com que cada cristão se comprometa em uma Igreja fiel a seu esposo, como um corpo o é, quando todas as suas células estão inundadas de boa saúde e de relações de verdade e transparência"[23].

Cantalamessa, para falar de Maria e a Igreja, usa a expressão espelho no lugar de tipo. Explica que prefere a expressão espelho em duplo sentido: "primeiro, porque reflete a luz que ela mesma recebe como faz um espelho com a luz do sol; em segundo lugar, porque nela a Igreja pode e deve espelhar-se, isto é, olhar-se e confrontar-se para tornar-se bela aos olhos de seu celeste Esposo" (cf. Tg 1,23)[24].

Uma atenção muito especial precisa ser dada ao afirmar que a Igreja precisa tornar-se bela aos olhos de seu celeste Esposo, para não justificar a cultura do patriarcado e apresentar-se contrária ao que o Vaticano II propôs como novo jeito de ser Igreja, a Eclesiologia de comunhão, Igreja toda ministerial, onde cada pessoa na dignidade de sua vocação colabora com maturidade e compromisso do discipulado de Jesus de Nazaré.

A experiência da Igreja a partir do exemplo de Maria deve ser a imitação no seguimento, na fidelidade e no serviço, especialmente para aqueles que Maria cantou no Magnificat, que vivem as mesmas condições de humilhação. Maria é exemplo da espiritualidade dos pequenos, é mulher simples, companheira de caminhada nas tristezas e nas alegrias. É imagem do cristão libertado, que ensina a nos libertar dos ídolos ao valor da graça[25]. Portanto, toda a Igreja é chamada a cuidar de cada pessoa e da história humana como *locus* na economia da salvação. O canto do *Magnificat* (Lc 1,46-56) mostra Maria como mulher capaz de se comprometer com sua realidade e diante dela ter voz profética. Maria é a expressão de serviço, a Serva. Boff, afirma que "Servo é uma categoria fundamental para compreender a história da salvação. Na economia de sua ação na história, Deus não costuma agir sozinho, ainda que o possa. (...) Contudo, seu protagonismo é inclusivo: envolve a participação dos seres humanos"[26]. E Deus precisou dela, Maria, "a mulher forte que conheceu de perto a pobreza e o sofrimento, a fuga e o exílio"[27].

2
O PRINCÍPIO MARIANO NA VISÃO DE BALTHASAR

O teólogo suíço conservador Hans Urs Von Balthasar, nos anos seguintes à Segunda Guerra Mundial, escreveu diversas obras sobre o tema do princípio mariano. O termo princípio não é definido diretamente por Von Balthasar, segundo Brendan ele usa outras palavras como perfil, dimensão ou aspecto para exprimir esse mesmo conceito:

> Em geral, podemos dizer que, quando ele fala de princípios na Igreja, deseja referir-se às dimensões fundamentais da natureza da Igreja. Quando recorda, por exemplo, o papel de Pedro, ele se refere àquela dimensão hierárquica e institucional da Igreja chamada de princípio petrino. Já o princípio mariano é aquela dimensão da Igreja que continua e ressoa o sim de Maria a Deus. É um sim repetido por todo o povo de Deus – leigos e clero – e ecoa por meio dele. Isso se evidencia mais particularmente na santidade de amor e na vida do Evangelho, que continua, no coração da Igreja, com o princípio petrino, como força que unifica"[28].

Os quatro princípios fundamentais da Igreja da experiência primitiva: o princípio petrino, o princípio paulino, o princípio joanino e o princípio jacobita são tratados por Von Balthasar. Para ele há também o princípio mariano que abarca a todos. Destaca o princípio joanino, o qual considera a missão de João uma missão de unidade, por este motivo "vê João e Maria tão profundamente unidos que o princípio mariano e o princípio joanino nem sempre podem ser facilmente distinguidos em seus textos"[29]. O princípio petrino lembra a figura de Pedro, para ele é a dimensão hierárquica e institucional da Igreja, que representa a dimensão objetiva de santidade.

Balthasar interpreta Maria com as categorias de antropologia dualista e com forte interesse eclesial. Na visão de Johnson, o que mais pesa na visão do autor é a relação conjugal patriarcal: "De um lado, estão Deus e Cristo, implicitamente masculinos, do outro estão Israel, Maria e a Igreja, explicitamente femininos"[30]. Nessa perspectiva, o autor relê as passagens bíblicas relacionadas à pessoa de Maria como a mulher silenciosa, subordinada etc. Sua obediência, longe de exprimir a iniciativa da jovem Maria, sua atitude se esconde na ação de Deus, para a encarnação do Verbo[31].

Com essa breve exposição do pensamento do respeitoso teólogo, faz-se necessário destacar a importante visão de Igreja e da participação da mulher, a partir da pessoa de Maria de Nazaré, para enfatizar sua livre cooperação na vida da Igreja, com a obra salvífica e transformadora de Jesus Cristo, como a grande e mais perfeita colaboradora do Filho; destacar seu fiel discipulado no movimento de Jesus, ela que "enquanto mãe e mestra espiritual participa da ação mistagógica do Espírito Santo e também do sacerdócio de seu Filho Jesus, que salva, transforma e liberta, como também do sacerdócio magisterial da Igreja, no qual se acha inserida de modo exemplar"[32]. Maria é mãe de Jesus e viveu sua maternidade na companhia de seu esposo José, sem o qual, faria muita falta a presença do pai no cotidiano de Jesus de Nazaré. A pequena comunidade trazia a forte presença da Trindade, na Sagrada Família de Nazaré: Maria, Jesus e José viveram a dimensão da doação, do aprendizado e do discernimento para confirmar, com a própria palavra, o testemunho de fidelidade, afirmando as próprias convicções naquilo que Deus pode realizar em sua vida.[33]

Vivenciar a dimensão comunitária mariana é permitir a abertura de si mesmo à ação do Espírito Santo, que dinamiza a pequena comunidade e toda a Igreja em toda a sua relação com a Trindade e com o mundo, é conceber que a partir de Maria nasce a Igreja no Sim de Maria, em sua disponibilidade como pessoa livre e libertadora[34].

3
Maria, o rosto feminino da evangelização

O Magistério da Igreja, especialmente a partir do Concílio Vaticano II e das Conferências Episcopais Latino-Americanas e Caribenhas, com exceção a de Santo Domingo, que recuou na valorização da participação das mulheres, afirma que elas, na dignidade de membros do Povo de Deus, são irmãs de Jesus Cristo, que veio para servir e não para ser servido (cf. Mt 20,28). Convida-nos a voltar às fontes, em um processo de *metanoia*, de volta às fontes do cristianismo, ser comunidade em comunhão e participação, sem que haja qualquer desigualdade em vista de raça ou nação, condição social ou sexo, considerando que "não há judeu ou grego, não há servo ou livre, não há homem ou mulher, pois todos vocês são um só em Cristo Jesus" (Gl 3,28).[35]

Na III Conferência de Puebla reconhecem que Maria é, para a Igreja, motivo de alegria e fonte de inspiração, por ser a estrela da Evangelização e Mãe dos povos da América Latina[36]. Afirmar que Maria de Nazaré é a profetisa, desde o início do Continente Latino-Americano, é assumir com ela que o Deus da Justiça tem muito a ver com a justiça dos pobres[37]. Ela é a mulher da esperança, e a esperança não decepciona (cf. Rm 5,5).

Imprescindível é a temática tratada na Carta Apóstólica Mulieris Dignatem, em que São João Paulo II faz memória da Mensagem Final do Concílio Vaticano II às mulheres[38], quando afirma que a hora da mulher chegou; sua influência no mundo como nunca antes, e especialmente que mulheres iluminadas do espírito do Evangelho podem ajudar para que a humanidade não decaia.[39] É um texto carregado de profetismo e ousadia, e reconhece que a questão da mulher precisa adquirir um novo sentido, sobretudo nos direitos da mulher no amplo contexto dos direitos da pessoa humana[40], agradece em nome da Igreja todas as manifestações da presença feminina no curso da história e os frutos de santidade feminina[41].

A Carta apresenta uma transversalidade na temática do princípio mariano da Igreja, principalmente quando assinala que em Maria essa superação se fez vocação, portanto viver a dimensão mariana é princípio da Igreja para cada mulher e cada homem. Nas palavras de Santo Ambrósio, "Maria é o novo princípio da dignidade e da vocação da mulher, de todas e de cada uma das mulheres"[42].

O Evangelho tem sido anunciado na América Latina, apresentando Maria como o modelo de realização mais alta. Ela com sua ternura e cuidado em Guadalupe, mas também com sua força profética, é a voz que deu impulso a tantos homens e mulheres desesperançados, pela degradação da vida humana, especialmente em relação às mulheres usadas como objeto pelos conquistadores na nação mexicana. "Desde os primórdios – em sua aparição e invocação de Guadalupe – Maria tornou-se o grande sinal, de rosto materno e misericordioso, da proximidade do Pai e de Cristo com quem ela nos convida a entrar em comunhão."[43] Koyle trata da mensagem libertadora de Nossa Senhora de Guadalupe como sinal da receptividade e amor que se traduzem em força de presença e proteção de Deus, para ela "Tepeyac, o local da aparição de Maria era o lugar sagrado de Tonantzin, a deusa-mãe índia. Para o índio asteca Juan Diego, Maria identificou-se com a deusa do povo subjugado (...). Foi nesse lugar que Maria falou ao povo com ternura, pediu sua colaboração e pediu-lhe que fossem missionários[44].

O símbolo de Maria de Guadalupe oferece ao povo e à teologia uma reflexão que precisa encarnar na Igreja como um todo, com profunda inspiração em um testemunho a partir da América Latina, para reconhecer que "em Maria, a feminilidade mexicana, que fora prostituída pelos conquistadores, foi novamente restaurada em sua dignidade original. Falando a Juan Diego, com dignidade e respeito, ela desafiou o povo a se elevar acima da marginalização e da opressão e a assumir com responsabilidade por suas vidas e seu futuro"[45].

Ela, Maria de Nazaré, nos mais diversos rostos e expressões, acolhida pelos católicos, aponta um desafio para quem faz parte do movimento de Jesus, que é o de gerar filhos para Deus a partir da evangelização. Ela é modelo, tipo da Igreja conforme o Vaticano II[46], não somente porque é mãe, educadora[47]. Como compreender esse conflito que se coloca no cotidiano das comunidades cristãs e católicas? Se Maria foi exaltada pela Igreja como "modelo perfeito do cristão e imagem ideal da Igreja"[48], a Igreja que pretende "transformar a partir de dentro"[49], gerando novos filhos a partir da evangelização, reconhecendo sempre Maria como Mãe, ainda não dignificou a participação das mulheres nos diversos serviços e ministérios.

O desejo das Conferências Episcopais de Puebla e Medellín ficou sem ser concretizado efetivamente, principalmente ao que quer diz respeito ao imperativo "a mulher, com suas aptidões e características, deve contribuir eficazmente para a missão da Igreja, participando em organismos de planejamento e coordenação pastoral, catequese etc.[50]". Refletir sobre a desigualdade e a diferença da participação da mulher na Igreja deve conduzir não somente para um caminho de transformação para um novo tempo, mas também como um desafio, quando lançamos o olhar para a presença delas nas primeiras comunidades cristãs. Segundo Ricca, teólogo italiano, "o desafio é como conseguir manter a diferença homem-mulher, sem cair na desigualdade. Porque, se a desigualdade foi um crime contra a humanidade, a perda da diferença também seria uma diminuição da humanidade"[51].

Importante destaque de Puebla quando sugere o cuidado de não masculinizar a mulher. E que o jeito próprio de ser da mulher deve colaborar para a transformação da sociedade, leia-se ocupar o espaço que lhe é devido; que seu desenvolvimento cognitivo não será com objetivo único de manter seu sustento, muito mais que isso: a mulher, com sua sensibilidade, ternura e profecia, e com o desejo de ser instrumento da Palavra de Deus, poderá colaborar para a construção da nova sociedade[52].

Historicamente, a atuação da mulher na Igreja, especialmente as leigas, tem encontrado muita resistência. Percebemos essa realidade nas palavras da auditora leiga Rosemary Goldie – secretária executiva da Comissão Permanente dos Congressos Internacionais para o Apostolado dos Leigos – ao teólogo dominicano Yves Congar, que queria inserir no texto do apostolado dos leigos[53] uma expressão elegante, comparando as mulheres à delicadeza das flores e aos raios de sol, ao que ela respondeu: "Padre, deixe de fora as flores. O que as mulheres querem da Igreja é ser reconhecidas como plenamente humanas"[54]. Para Bucker, "a descoberta das dimensões femininas de companheira, esposa e mãe permite valorizar a contribuição da mulher também na Igreja"[55], a transformação passa por viver uma unidade de comunhão amorosa com Jesus e com os outros.

Em poucas palavras, o Concílio Vaticano II representou para as mulheres uma abertura de novos espaços de responsabilidade e de participação dentro da Igreja e como Igreja – povo de Deus, ao resgatar a dignidade de cada pessoa a partir do Batismo, reconhecendo sua função real, profética e sacerdotal. Evidenciou que todos e todas são sujeitos da missão[56]. E a missão envolve também a evangelização do social e do político. Como dizia São Paulo VI, a Igreja tem uma autêntica dimensão secular, inerente à sua íntima natureza e missão, cuja raiz mergulha no mistério do Verbo Encarnado e que se concretiza de formas diversas para seus membros[57]. Todos os membros da Igreja participam de sua dimensão secular, mas de maneiras diferentes.

Não raro, encontramos nos textos do Magistério, após o Concílio Vaticano II, impulso e encorajamento da urgência em "reconhecer a dignidade da mulher e sua indispensável contribuição na Igreja e na sociedade"[58].

Na V Conferência de Aparecida, igualmente, foi amplamente discutido sobre a grande dificuldade de compreender a missão e as linhas de atuação missionária e a pertença da mulher na Igreja. Lamenta porque não "se valoriza nem se promove adequadamente sua indispensável e peculiar participação – da mulher – na construção de uma vida social mais humana e na edificação da Igreja", e propõe "na América Latina a urgente superação de uma mentalidade machista, que ignora a novidade do cristianismo, onde se reconhece e proclama a "igual dignidade e responsabilidade da mulher em relação ao homem"[59] e exorta toda a Igreja para uma mudança de mentalidade e atitude diante da figura de Maria: "A figura de Maria, discípula por excelência entre discípulos, é fundamental na recuperação da identidade da mulher e de seu valor na Igreja. (...) Trata-se de harmonizar, complementar e trabalhar somando esforços. A mulher é corresponsável, junto com o homem, pelo presente e pelo futuro de nossa sociedade humana"[60].

A tomada de consciência da mudança na visão e ação patriarcal e serviçal, impregnada na Igreja e na Sociedade, à mulher é cada vez mais urgente, e esse assunto não pode ser tomado como resolvido, enquanto houver discriminação, desrespeito e exclusão pela atuação da mulher. A Conferência de Aparecida interpela: "Nesta hora da América Latina e do Caribe, é imperativo tomar consciência da situação precária que afeta a dignidade de muitas mulheres. Algumas, desde crianças e adolescentes, são submetidas a múltiplas formas de violência, dentro e fora de casa"[61].

No Brasil, o ano de 2018 foi dedicado pela Conferência Nacional dos Bispos do Brasil – CNBB – à celebração e reflexão da vocação, identidade, missão e espiritualidade dos cristãos leigos e leigas. O Ano do Laicato foi um tempo profícuo para revigorar a consciência de muitos homens e mulheres que, uma vez evangelizados, foram chamados a rever seu compromisso cristão e a refazer o Caminho às fontes do cristianismo. O texto base da CNBB, Cristãos Leigos e Leigas na Igreja e na Sociedade[62] reforça a importante e extraordinária participação dos leigos na

Igreja. Mulheres e homens que constroem o Reino da verdade e da graça, do amor e da paz: que assumem serviços e ministérios que tornam a Igreja consoladora, samaritana, profética, serviçal, maternal. Convoca cristãos leigas e leigos para oferecerem sua contribuição com esperança e com a consciência de serem protagonistas para a transformação da Igreja e da sociedade.

No seguimento a Jesus, como discípulos missionários, precisamos urgente recriar, avançar e descobrir novos caminhos para a valorização da atuação da mulher na Igreja e na Teologia. Percebemos claramente as controvérsias nas declarações do Magistério e a realidade das mulheres: leigas cristãs encontram dificuldades para conciliar a vida familiar, profissional, pastoral e teológica; falta de apoio e colaboração no investimento para uma formação teológica consistente, pois na maioria das vezes, o investimento é próprio; é perceptível a preferência por ministros ordenados para assumir aulas nas Faculdades de Teologia.

Também o Papa Francisco enfatiza que a "reinvindicação dos legítimos direitos das mulheres, a partir da firme convicção de que homens e mulheres têm a mesma dignidade, coloca à Igreja questões profundas que a desafiam e não se podem iludir superficialmente"[63].

Certamente, reflexões como a de Bingemer tem contribuído de forma excepcional, sobretudo com as mulheres, no sentido de despertar consciências, apaixonarem-se pela missão e colocarem-se à serviço do Cristo, em comunhão com a Trindade, na Igreja e na sociedade:

> Cada vez mais se veem mulheres à frente das comunidades, agentes de pastoral comprometidas

> e respondendo por todo um grupo de pessoas, organizando seus desejos e procurando articular da melhor maneira possível seu acesso aos bens eclesiológicos. (...) Se faltassem elas, faltaria uma parte importante da reflexão teológica, uma abordagem fundamental dos problemas a refletir, um sopro único que só elas podem dar aos temas tão antigos, mas sempre novos do mistério cristão[64].

O Papa Francisco tem destacado em diversas oportunidades o clericalismo e classifica como uma das tentações contra o discípulo missionário. Kuzma destaca que "tal questão dificulta o exercício da vocação laical, pois impede seu desenvolvimento, retira sua autonomia e não implica no respeito e na comunhão, não gera fraternidade"[65].

Igualmente, não gera comunhão, diz o Papa, tratar as mulheres como hóspedes. Ele indica que as mulheres se sintam "plenamente partícipes das várias esferas da vida social e eclesial"[66], e que é urgente oferecer espaços às mulheres na vida da Igreja[67], favorecendo uma presença mais ampla e incisiva nas comunidades com maior envolvimento das mulheres nas responsabilidades pastorais"[68].

Alguns aspectos dos discursos mais significativos do Papa sobre o papel da mulher na Igreja e na Sociedade merecem destaque, quando Francisco denuncia a mercantilização do corpo feminino, as muitas formas de escravidão a que as mulheres são submetidas e lança um apelo para que, para vencer a subordinação, seja promovida a reciprocidade[69]. Com uma profunda sintonia em relação ÀS palavras escritas há alguns anos por Yves

Congar: "Certo esquecimento do Espírito Santo e da pneumatologia provocou o estabelecer-se de um modelo patriarcal e uma predominância do masculino"[70]. O papa "Francisco se queixa de que na Igreja ainda não se fez uma profunda teologia da mulher". Em 12 de outubro de 2013, quando recebeu os membros do Pontifício Conselho para os Leigos, nos 25 anos da *Mulieris Dignitatem*, de São João Paulo II – afirmou que, na Igreja, é importante perguntar-se que presença tem a mulher. Relevante e cheia de sentido é a afirmação "gosto também de pensar que a Igreja não é o Igreja, é a Igreja. A Igreja é feminino, é mãe e devemos aprofundar nossa compreensão disso", afirmou o Papa. Com maior ênfase, o Papa faz referência a Maria, para ele, "uma mulher, Maria, é mais importante do que os Bispos", ao relembrar que o serviço dos sacerdotes deve configurar-se a Cristo Cabeça, que se fez serviço na entrega de sua própria vida até o sacrifício na cruz, afirma claramente que as funções "não dão justificação à superioridade de uns sobre os outros"[71].

A eclesiologia de comunhão, apontada pelo Concílio Vaticano II, é uma condição para a perfeita realização da missão, onde há respeito, acolhimento, participação de homens e mulheres dispostos a viver a fé *ad intra* e *ad extra*. A atuação da mulher na sociedade, apesar de alguns avanços, ainda há muito para ser reconhecida como contribuição efetiva nas decisões e influências, ainda assim para Francisco "a Igreja reconhece a indispensável contribuição da mulher na sociedade, com uma sensibilidade, uma intuição e certas capacidades peculiares, que habitualmente são mais próprias das mulheres que dos homens"[72]. Com uma sensibilidade profética, o Papa defende que "ainda é preciso ampliar os espaços para uma presença feminina mais incisiva na Igreja"[73], define como sofrimento ver o papel de serviço da mulher na Igreja deslizar para a servidão[74].

Vale recordar o testemunho de mulheres atuantes que, "inclusive sem terem sido canonizadas, viveram com radicalidade o Evangelho e ofereceram sua vida por Cristo, pela Igreja e por seu povo"[75]. A propósito vale mencionar que no Brasil, dia 12 de fevereiro de 2005, foi assassinada a religiosa Irmã Dotothy Stang, com 73 anos de anos de idade, mártir, profeta, mística e santa proclamada pelo povo[76]. A cristã leiga brasileira Zilda Arns, médica pediatra e sanitarista, além de mãe de família, também morreu pela causa dos pobres, segundo o Evangelho. São vidas doadas pelo seguimento ao Evangelho de Jesus Cristo, em nome da fé e comprometidas com a justiça do Reino de Deus.

CONCLUSÃO

Maria, que "precede toda a Igreja no caminho da fé, da caridade e da perfeita união com Cristo", obtenha para todos nós também este "fruto"[77]. Com a força do Ressuscitado, confiantes e com firme esperança,

> com Maria avancemos para águas mais profundas. Virgem e Mãe Maria, vós que, movida pelo Espírito, acolhestes o Verbo da vida na profundidade de vossa fé humilde, totalmente entregue ao Eterno, ajudai-nos a dizer o nosso sim perante a urgência, mais importante do que nunca, de fazer ressoar a Boa-Nova de Jesus. Dai-nos a santa ousadia de buscar novos caminhos para que chegue a todos o dom da beleza que não se apaga. Mãe do Evangelho vivente, manancial de alegria para os pequeninos, rogai por nós. Amém, aleluia[78].

Para uma correta compreensão do que o Concílio Vaticano II evidenciou com a definição de Igreja povo de Deus – de que homens e mulheres não são mais relegados à passividade e à receptividade, mas recebem um papel ativo e importante na Igreja – ainda serão necessárias muitas ações, especial atenção na educação das crianças, adolescentes e jovens, a fim de que cresçam com uma nova mentalidade na busca de espaços mais inclusivos da participação da mulher na Igreja e na Sociedade; aproveitar os diversos espaços existentes de grupos, nos quais, inclusive, a maioria é constituída de mulheres, para aprofundar a atuação da mulher na Igreja, favorecendo uma maturidade da fé, desligada do clericalismo e dos fundamentalismos, que cegam e prestam a uma servidão que não gera vida. Favorecer espaços de crescimento para uma educação libertadora, em que tantas mulheres possam superar os modelos impostos que calam sua voz e transformam a alegria de viver em um profundo pesadelo inacabável.

Outrossim, é fundamental perceber a presença maciça de mulheres nas comunidades de base, círculos bíblicos, como catequistas, animadoras de comunidades entre outros serviços na Igreja. O enorme desafio para toda a Igreja – mulheres e homens – é a tomada de consciência e de decisões para uma Igreja mais sinodal, toda ela ministerial, como propôs o, tão atual, Concílio Vaticano II.

Celia Soares de Sousa
Mestre em teologia, pela PUC-SP,
especialista em mariologia, pela faculdade
Dehoniana e Academia Marial de Aparecida

NOTAS

[1] Cf. Kathlen COYLE, *Maria tão plena de Deus e tão nossa*, São Paulo, Paulus, 2012, p. 9.
[2] Cf. Idem, p. 9.
[3] RM 13 (cita LG 56).
[4] Raymond E. BROWN. *Introdução no Novo Testamento*, São Paulo, Paulinas, 2002, p. 332.
[5] Xabier PIKAZA, *Maria e o Espírito Santo, Notas para uma Mariologia Pneumatológica*, São Paulo, Loyola, 1987, p. 46-47.
[6] Cf. Lina BOFF, *Mariologia Interpelações para a vida e para a fé*, São Paulo, Vozes, 2007, p. 124.
[7] Elisabeth A. JOHNSON, *Nossa verdadeira irmã, Teologia de Maria na comunhão dos santos*, São Paulo, Loyola, p. 361.
[8] Carlos Ignacio GONZÁLEZ, *Maria Evangelizada e Evangelizadora*, São Paulo, Loyola, 1990, p. 255.
[9] Cf. Carlos MESTERS, *Jesus cria uma nova humanidade*, 2017. In: http://www.xaverianos.org.br/noticias-e-artigos/teologia/578-jesus-cria-uma-nova-humanidade. Acesso em: 14.02.2019.
[10] DAp 268.
[11] Bárbara Pataro BUCKER, *O feminino da Igreja e o conflito*, Petrópolis, Vozes, 1995, p. 273.
[12] LG 62.
[13] LG 58.
[14] LG 53.
[15] Elisabeth A. JOHNSON, op. cit., p. 213.
[16] Carlos Ignacio GONZALEZ, op. cit., p. 109.
[17] Sermão 25,7-8 In Clodovis M. BOFF, *Dogmas Marianos Síntese Catequético-Pastoral*. São Paulo: Editora Ave Maria, 2010, p. 17.
[18] Kathlen COYLE, op. cit., p. 9.
[19] LG 56.

[20] PAULO VI, *Discurso do Papa Paulo VI na Clausura da Terceira Sessão do Concílio Ecumênico Vaticano II, 1968.* In: https://w2.vatican.va/content/paul-vi/pt/speeches/1964/documents/hf_p-vi_spe_19641121_conclusions-iii-sessions.html. Acesso em: 06.06.2019.

[21] Cf. LG 63.

[22] Cf. Bárbara Pataro BUCKER, op. cit., p. 56.

[23] Bárbara Pataro BUCKER, In: *Maria e a Trindade*, São Paulo, Paulus, p. 161.

[24] Raniero CANTALAMESSA, *Maria, um espelho para a Igreja,* São Paulo, Edições Santuário, 1992, p. 9.

[25] Carlos Ignacio GONZALEZ, op. cit., p. 308 e 370-372.

[26] Cf. Clodovis BOFF, op. cit., p. 344.

[27] MC 37.

[28] Brendan LEAHY, *O princípio mariano na Igreja,* São Paulo, Cidade Nova, 2005, p. 14.

[29] Idem, p. 75.

[30] Elisabeth A. JOHNSON , op. cit., p. 85.

[31] Cf. Brendan LEAHY, op. cit., p. 65.

[32] Avelar, M.C.C. *Maria, Educadora para a Solidariedade*. In: Maria e a Trindade. p. 99.

[33] Cf. Bárbara Pataro BUCKER, op. cit., p. 136.

[34] Cf. Clodovis BOFF, *Mariologia Social, O significado da Virgem para a Sociedade*, São Paulo, Paulus, 2006, p. 424.

[35] LG 32.

[36] Cf. DP 168.

[37] DP, Discurso Inaugural 5.1.

[38] Cf. MD 1.

[39] Cf. MD 1.

[40] Cf. MD 10.

[41] Cf. MD 31.

[42] MD 11.

[43] Kathlen COYLE, op. cit., p. 227.

[44] Kathlen COYLE, op. cit., p. 227.

[45] Kathlen COYLE, op. cit., p. 227.

[46] LG 63.

[47] DP 846 "Sublinhamos o papel fundamental da mulher como mãe, defensora da vida e educadora do lar".

[48] DP 285.

[49] EN 18.

[50] DP 843.

[51] Paolo RICCA, *A mulher nas Igrejas,* 2014. In: http://www.ihu.unisinos.br/78-noticias/538183-a-mulher-nas-igrejas-artigo-de-paolo-ricca. Acesso em: 13.06.2019.

Um excelente artigo com histórico dos estudos sobre a mulher na Bíblia e na história das comunidades cristãs.

[52] DP 282.

[53] CONCÍLIO ECUMÊNICO VATICANO II. Constituição dogmática Apostolicam Actuositatem – Sobre o apostolado dos leigos. *In Documentos do Concílio Vaticano II*. 3ª ed. São Paulo: Paulus, 2004.

[54] José Tolentino MENDONÇA. *Padre, deixe lá as flores: mulheres no Concílio Vaticano II*. In: https://www.snpcultura.org/mulheres_concilio_vaticano_ii.html. Acesso em: 01.07.2019

[55] Bárbara Pataro BUCKER, *O feminino da Igreja*, 1996. In https://www.vidapastoral.com.br/artigos/temas-pastorais/o-feminino-da-igreja/. Acesso em: 17.06.2019.

[56] LG 17.

[57] CL 15.

[58] CL 49.

[59] DAp 453.

[60] DAp 451-452.

[61] DAp 48.

[62] CNBB Doc. 105.

[63] EG 104.

[64] Maria Clara Lucchetti BINGEMER, *A mulher leiga na Igreja hoje*, 2013. In: http://historico.cpalsj.org/wp-content/uploads/2013/04/A-mulher-leiga.pdf. Acesso em: 14.02.2019.

[65] Cesar KUZMA, *Minha experiência como Leigo na Igreja. In:* http://www.ihuonline.unisinos.br/artigo/14-artigo-2014/5475-cesar-kuzma-1. Acesso em: 24.11.2019.

[66] Cf. Alessandro GISOTTI, Silvonei JOSÉ, *Francisco e o lugar das mulheres na Igreja*, 2018. In: https://www.vaticannews.va/pt/papa/news/2018-03/francisco-e-o-papel-das-mulheres-na-igreja.html. Acesso em: 14.02.2019.

[67] Cristiane MURRAY, O, *Papa Francisco nomeia Ir. Irene Lopes para o Conselho pré-Sinodal para a Paz-amazônia*. In: https://www.vaticannews.va/pt/vaticano/news/2018-03/irene-lopes-conselho-pre-sinodal-pan-amazonia.html#play. Acesso em: 05.07.2019

[68] Cf. Alessandro GISOTTI, Silvonei JOSÉ, *Francisco e o lugar das mulheres na Igreja*, 2018. In: https://www.vaticannews.va/pt/papa/news/2018-03/francisco-e-o-papel-das-mulheres-na-igreja.html. Acesso em: 14.02.2019.

[69] Idem.

[70] Lucetta SCARAFFIA. *Para uma profunda teologia da mulher*. In: http://www.osservatoreromano.va/es/news/para-uma-profunda-teologia-da-mulher. Acesso em: 24.11.2019.

[71] Congregação para a Doutrina da Fé, Declaração sobre a questão da admissão das mulheres ao sacerdócio ministerial *Inter Insigniores* (15 de outubro de 1976), In: EG 104.

[72] Cf. Alessandro GISOTTI, Silvonei JOSÉ. Idem.
[73] Cf. EG 103.
[74] Idem.
[75] DAp 98.
[76] Cf. Moisés SBARDELLOTTO, *Irmã Dorothy: mártir, profeta, mística e santa proclamada pelo povo. Entrevista especial com David Stang,* In: http://www.ihu.unisinos.br/entrevistas/20284-irma-dorothy-martir-profeta-mistica-e-santa-proclamada-pelo-povo-entrevista-especial-com-david-stang. Acesso em 05/07/2019.
[77] Cf. MD 31.
[78] EG 288.

REFERÊNCIAS BIBLIOGRÁFICAS

BOFF, Clodovis. *Mariologia social, O significado da Virgem para a Sociedade*. São Paulo: Paulus, 2006.

BOFF, Lina. *Mariologia Interpelações para a vida e para a fé*. São Paulo: Vozes, 2007.

BROWN, Raymond E. *Introdução no Novo Testamento*. São Paulo: Paulinas, 2002.

BUCKER, Bárbara Pataro. *O feminino da Igreja e o conflito*. Petrópolis: Vozes, 1995.

CANTALAMESSA, Raniero. *Maria, um espelho para a Igreja*. São Paulo: Edições Santuário, 1992.

COYLE, Kathlen. *Maria tão plena de Deus e tão nossa*. São Paulo: Paulus, 2012.

GONZÁLEZ. Carlos Ignacio. *Maria Evangelizada e Evangelizadora*. São Paulo: Loyola, 1990.

JOHNSON, Elisabeth A. *Nossa verdadeira irmã, Teologia de Maria na comunhão dos santos*. São Paulo: Loyola, 2007.

LEAHY, Brendan. *O princípio mariano na Igreja*. São Paulo: Cidade Nova, 2005.

PIKAZA, Xabier. *Maria e o Espírito Santo, Notas para uma Mariologia Pneumatológica*. São Paulo: Loyola, 1987.

AVELAR, Maria Carmen. *Maria, Educadora para a Solidariedade*. In: BUCKER, Barbara P., BOFF, Lina & AVELAR, Maria Carmen. *Maria e a Trindade Implicações pastorais – Caminho pedagógico, Vivência da espiritualidade*. São Paulo: Paulus, 2002.

Documentos do Magistério

CONCÍLIO ECUMÊNICO VATICANO II. Constituição dogmática *Apostolicam Actuositatem* sobre o apostolado dos Leigos. *In:* Vaticano II Mensagens, Discursos e Documentos. São Paulo: Paulinas, 1998.

CONCÍLIO ECUMÊNICO VATICANO II. Constituição dogmática *Lumen Gentium* sobre a Igreja. *In:* Vaticano II Mensagens, Discursos e Documentos. São Paulo: Paulinas, 1998.

CONFERÊNCIA NACIONAL DOS BISPOS DO BRASIL. *Cristãos leigos e leigas na Igreja e na sociedade. Sal da Terra e luz do Mundo (Mt 5,13)*. São Paulo: Paulinas, 2016 (Documentos da CNBB 105).

CONSELHO EPISCOPAL LATINO AMERICANO. *Texto conclusivo da V Conferência Geral do Episcopado Latino-Americano e do Caribe* Documento de Aparecida. São Paulo: Paulinas, 2007.

FRANCISCO. Exortação Apostólica *Evangelii Gaudium* do santo padre Francisco sobre o anúncio do Evangelho no mundo atual. São Paulo: Paulinas, 2013.

JOÃO PAULO II. Exortação Apostólica *Christifideles Laici* sobre Vocação e Missão dos Leigos na Igreja e no Mundo. São Paulo: Edições Loyola, 16ª. Edição, 2011.

JOÃO PAULO II. Carta Encíclica *Mulieris Dignitatem* do santo padre João Paulo II sobre A dignidade e a vocação da mulher. São Paulo: Paulinas, 1990.

JOÃO PAULO II. Carta Encíclica *Redemptoris Mater* do santo padre João Paulo II sobre A Bem-aventurada Virgem Maria na vida da Igreja que está a caminho. São Paulo: Paulinas, 1987.

PAULO VI. *Exortação Apostólica Marialis Cultus* do santo padre Paulo VI para a reta ordenação e desenvolvimento do culto à Bem-Aventurada Virgem Maria. Brasília: Edições CNBB, 2016.

PAULO VI. Exortação apostólica *Evangelli Nuntiandi* do santo padre Paulo VI sobre A evangelização no mundo contemporâneo. São Paulo: Paulinas, 1986.

Sites consultados

BINGEMER ,Maria Clara Lucchetti. *A mulher leiga na Igreja hoje,* 2013. In: http://historico.cpalsj.org/wp-content/uploads/2013/04/A-mulher-leiga.pdf. Acesso em: 14.02.2019.

BUCKER, Bárbara Pataro. *O feminino da Igreja,* 1996. In https://www.vidapastoral.com.br/artigos/temas-pastorais/o-feminino-da-igreja/. Acesso em: 17.06.2019.

GISOTTI, Alessandro & JOSÉ, Silvonei. *Francisco e o lugar das mulheres na Igreja,* 2018. In: https://www.vaticannews.va/pt/papa/news/2018-03/francisco-e-o-papel-das-mulheres-na-igreja.html. Acesso em: 14.02.2019.

KUZMA, Cesar. Minha experiência como leigo na Igreja. In: http://www.ihuonline.unisinos.br/artigo/14-artigo-2014/5475-cesar-kuzma-1. Acesso em: 24.11.2019.

MENDONÇA, José Tolentino. *Padre, deixe lá as flores: mulheres no Concílio Vaticano II.* In: https://www.snpcultura.org/mulheres_concílio_vaticano_ii.html. Acesso em: 01.07.2019.

MESTERS, Carlos. *Jesus cria uma nova humanidade,* 2017. In:

http://www.xaverianos.org.br/noticias-e-artigos/teologia/578-jesus-cria-uma-nova-humanidade. Acesso em: 14.02.2019.

MURRAY, Cristiane. *Papa Francisco nomeia Ir. Irene Lopes para o Conselho pré-Sinodal para a Paz-amazônia*. In: https://www.vaticannews.va/pt/vaticano/news/2018-03/irene-lopes-conselho--pre-sinodal-pan-amazonia.html#play acesso em 05.07.2019.

RICCA, Paolo. *A mulher nas Igrejas,* 2014. In: http://www.ihu.unisinos.br/78-noticias/538183-a-mulher-nas-igrejas-artigo-de-paolo-ricca. Acesso em: 13.06.2019. Um excelente artigo com histórico dos estudos sobre a mulher na Bíblia e na história das comunidades cristãs.

PAULO VI, *Discurso do Papa Paulo VI na Clausura da Terceira Sessão do Concílio Ecumênico Vaticano II, 1968.* In https://w2.vatican.va/content/paul-vi/pt/speeches/1964/documents/hf_p-vi_spe_19641121_conclusions-iii-sessions.html. Acesso em: 06.06.2019.

ÍNDICE

Introdução 5

1. Maria de Nazaré, a primeira missionária do Verbo 7

1.1. Com Maria de Nazaré, aprendizes da missão 10

2. O princípio mariano na visão de Balthasar 15

3. Maria, o rosto feminino da evangelização 19

Conclusão 29

Notas 31

Referências bibliográficas 35

Este livro foi composto com as famílias tipográficas Lithograph, Lithos Pro e Segoe
e impresso em papel Offset 70g/m² pela **Gráfica Santuário.**